OVERVIEW OF CONTENT

内容总览

八大经典现金流模型

- 借金
  - 借贷模式
  - 绑定银行
- 生金
  - 钱生钱
  - 找到支点
- 押金
  - 押金模式
  - 会员引流
- 筹金
  - 众筹模式
  - 痛点打击
- 吸金
  - 吸金工具
  - 设计诱饵
- 融金
  - 融资模式
  - 杠杆借力
- 招金
  - 招商模式
  - 合伙设计
- 管金
  - 资本运作
  - 价值放大

一次性彻底解决老板现金流问题

THOROUGHLY SOLVE THE BOSS'S CASH FLOW PROBLEM IN ONE GO

十一、赚钱系统

赚钱系统：当你在睡觉的时候，你的钱在增加；当你在花钱的时候，你的钱在增加；当你在发呆的时候，你的钱在增加。只要时间不停止，你的钱就会不断地在增加……

——王冲

案例一　打造赚钱系统，服装店一次活动收款689万

免费是一个具有颠覆性的模式，免费颠覆了固有的差价盈利模式，它打破了固有的交易顺序，让你的产品免费的同时实现盈利，免费的商业模式无处不在，麦当劳免费卫生间，每天晚上7:30~8:00地铁免费看报纸，移动公司免费送手机，抖音免费看电影。免费作为一种营销策略，已经越来越多的被更多企业所认知，被广泛使用，创造着可观的利润。

我们来看一下今天的案例，主人公韩总是如何免费把服装送出去的。韩总做了几十年的服装生意，一开始顺风顺水，凭着自己的聪明才智，每年收入也能达到上百万。这几年受到互联网的严重冲击，生意严重下滑，他迫切的感觉到必须使用新的营销策略，才能够快速突出重围，于是他把衣服免费送了。很多人觉得他会亏钱，说他是疯了，那究竟到底怎么回事呢？服装店一次活动收款689万，锁定348个老客户并裂变7000人怎么做到？

商业模式：

交19800的押金，免费穿10800的衣服，经销商充卡569万，消费者充卡120万，共计充卡689万。

第一招：选对客户、造势宣传、服装免费送

韩总在做活动之前呢，给店里的A类客户发出邀请函，每年消费在3万以上的人，是店里的A类客户，韩总借着活动举办了一场服装文化艺术节，邀请了同行、经销商、终端消费者，让客户参与模特走秀，整个活动造场造势，制造稀缺，促进成交。

活动最高潮的时候，主持人宣布，只要现场交19800元押金，即可成为韩总服装店的超级顾客，押金第10个月退还9800，第19个月退还1万元，在这期间可以免费穿10800的服装，而且服装在店内有公信力，没有任何虚高，10800的衣服成本是4500元，也就是一个客户韩总亏4500块钱，接下来韩总如何赚钱呢？

第二招：模式绝招就是拆，关联消费补亏损

一个客户亏4500，接下来如何赚钱呢？10800分成了12个月，一个月可以免费穿900元的衣服，只限女装、900只限当月消费，如果当月不消费，作废不累积。店里还有男装、鞋，皮草大衣等等，夏天可能900块还不够用，可冬天一件大衣都要两三千，皮草就要上万，当然更不够了，所以锁定客户进店19个月，通过关联消费，补齐亏损的4500元，同时还能盈利。

第三招：消费者变消费商，副卡免费送朋友

开发一个新客户的成本，是维护一个老客户成本的十倍。怎么挖掘客户背后的资源？怎么把客户变成公司免费的业务员？于是韩总接下来就开始做了一个撬动客户背后的资源的方案：

每一个参加免费穿衣服活动的超级客户，都给他们发20张副卡，每张副卡面值300元，副卡可以绑定主卡。这样一个老客户就可以带动20个新客户，客户拿着300元面值的副卡购买衣服，可以享受300元的减免。这样送给老客户也有面子，关键是这张卡用完之后直接可以当一个贵宾卡，每次消费享受8折优惠。因为

韩总的服装店平时根本不打折，只有花钱办理了会员卡的客户，才能享受相应的折扣。所以对这些客户来说是非常有公信力的。一旦裂变来的客户产生的消费，就给主卡返15%的提成，每个月10号统一发放，到店里来领取现金，如果不要现金，可以抵2倍消费金额。这次活动呢，充卡了348个人裂变了将近7000个客户。以后韩总的店里永远不必担心销售的问题。

为了不让忠实客户觉得带朋友进店消费内心有顾虑，韩总还在细节处设计了一些方法，进店时喊他们为老板，还有专属的杯子拖鞋以及果盘点心等。

到第10个月开始退钱的时候，提前给一些业绩好的消费股东透气，如果钱不拿走，还可以再获得一些副卡，不过需要交5000块钱，给到100张副卡。可以送给100个朋友，按照一个客户消费5000块计算，100个客户就是10万提成，这些股东个个都已经在过去的一年里尝到了甜头，赚到了钱，所以求之不得，所以基本上没有退押金的。

一个传统的服装店，竟然通过了商业模式，把衣服免费送还能盈利，通过收押金的方式，获取了现金流，然后通过主副卡的方式，裂变客户，最后大家都赚到了钱，押金也没人退了，这就是新的商业模式：不赚消费市场的钱，赚创业市场的钱。而过去传统的思维以产品为中心，天天盯住消费市场的利润，其实消费市场已经没有利润了，今天要想把生意做好，必须要把目光放在创业市场。所以卖产品永远无出头之日，只有卖机会才能看到企业的希望。

案例二 汽车养护店，两年从原来的300万元翻10倍

季总经营着一家汽车养护店，可以说兢兢业业，每天都很辛苦，但是体量一直做不大，做了多少年也就三四家门店，每年也只有两三百万元的营业额。汽车养护店最大的问题可能就是工作日的工作时间没有客户上门，生意十分平淡，只有在晚上5点下班以后和周末，生意才会趋近于饱和，平时没有客人的时间里，员工都懒懒散散，但是这是整个行业的通病，一时之间也没有办法改变。

季总很迷茫，怎么样才能改变这种问题，让员工都动起来，让客户在工作日的白天也能进店？之后，季总利用下面这几招，解决了员工流失、现金流枯竭等问题。

第一个招数是前端让利，后端追销。具体步骤是，第一步，充值100元洗车卡，赠送原价100元一次的汽车精洗项目6次；第二步，洗车卡的使用时间在周一至周五的早上10点到晚上5点之间；第三步，当客户进店后，可以通过后端的汽车美容、养护、内饰、漆面、镀金等项目进行追销盈利。

第二个招数是抱大腿。具体步骤是，第一步，在高级写字楼和商场的地下停车场开门店，直接获取精准客户；第二步，与万达、吾悦等购物中心以经销商的模式进行合作，每家店给予一定比例的提成给到购物中心的区域总监；第三步，可以提前一年获得商场和写字楼开业信息，提前对接，开业前直接签约就可以，免去寻找门店店址的烦恼。

系统赚钱才是大钱 个人赚的是毛毛雨

真正厉害的赚钱高手都善于给自己打造一套赚钱系统……

通过这些的实践，季总解决了客户不进店、门店难扩张、现金流枯竭等问题，现在店里的洗车卡销量十分火爆，一年12家店仅洗车卡的营业额就可以达到1000多万元。最关键的是这么多的人进店以后，后端的项目又可以进行追销，这1000万元只是前端收益，虽然看起来是亏了，但是这部分让利可以实现后端更大的收益。两年内，季总的营业额从原来的300万元翻了10倍。

▶注：这种模式适合的行业：金融行业、实体产业、互联网公司等。

十二、IPO上市

上市融资是全世界最低成本的筹资方式，比如拿出一部分股权进行融资，可以融资几亿甚至几十亿。上市完成之后，如果未来企业缺钱，还可以通过增发等方式继续融资。

——王冲

案例　新疆天山水泥并购重组上市，构建“双寡头”地位

新疆天山水泥股份有限公司，成立于1998年11月，是中国建材股份有限公司全资子公司，是西北地区最大的水泥生产厂家、最大的油井水泥生产基地和全国重要的特种水泥生产基地，资产负债率较低且稳定。然而，随着中国固定资产投资增速放缓，水泥行业面临着日益加剧的发展压力和激烈的市场竞争，出现了产能过剩、利用率低、技术参差不齐等问题。中国建材作为中国最大的水泥公司，旗下水泥行业的同业竞争现象也历史已久。长期以来，控股股东之间的关联交易和同业竞争问题一直是上市公司治理质量的制约因素。2010年，证监会将解决同业竞争列为重点工作之一。2013年8月，国资委和证监会联合提出，通过资产重组、股权置换、业务调整等多种方式，逐步将国有企业集团与所控股上市公司之间的同业竞争业务整合到同一平台上。

为了应对行业挑战、寻求扩张，并解决中国建材内部同业竞争问题，2020年天山股份选择以981.4亿元的对价收购中国建材旗下主要水泥资产，进行并购重组。重组交易后，天山股份成为全球水泥行业产能最大的企业，摆脱了地域限制，打破了市场壁垒，解决了水泥行业产能过剩和同业竞争问题，提高了行业集中度，与海螺水泥形成“双寡头”地位。

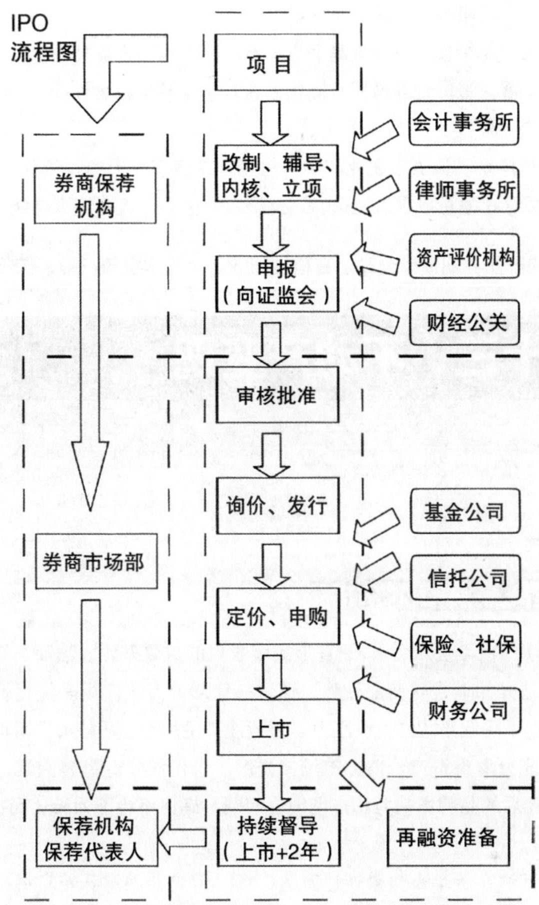

2024年是多变的一年。3月15日，中国证监会针对IPO上市发布八项措施。其中明确以提高上市公司质量为导向，研究提高上市财务指标，优化板块定位规则，为市场提供更加优质多元的投资标的。进一步从严审核，未盈利企业，要求未盈利企业充分论证持续经营能力、披露预计实现盈利情况，就科创属性等逐单听取行业相关部门意见。

针对IPO上市，中国证监会发布《关于严把发行上市准入关从源头上提高上市公司质量的意见（试行）》，提出8项政策措施。

1. 严格把关拟上市企业申报质量。落实拟上市企业及“关键少数”对信息披露真实准确完整的第一责任，严禁以“圈钱”为目的盲目谋求上市、过度融资。对财务造假、虚假陈述、粉饰包装等行为及时依法严肃追责。

2. 落实中介机构“看门人”责任。建立常态化滚动式现场监管机制，用好以上市公司质量为导向的保荐机构执业质量评价机制。

3. 突出交易所审核主体责任。把防范财务造假、欺诈发行摆在发行审核更加突出的位置。严密关注拟上市企业是否存在上市前突击“清仓式”分红等情形，严防严查，并实行负面清单式管理。从严监管高价超募。

4. 强化证监会派出机构在地监管责任。辅导监管坚持时间服从质量，现场检查切实发挥书面审核的补充验证延伸作用。

5. 坚决履行证监会机关全链条统筹职责。综合考虑二级市场承受能力，实施新股发行逆周期调节。大幅提高对拟上市企业的随机抽取比例和加大问题导向现场检查力度。

6. 优化多层次资本市场功能衔接。研究提高上市标准。从严审核未盈利企业。

7. 规范引导资本健康发展。督促企业按照实际需求合理确定募集资金投向和规模，加强拟上市企业股东穿透式监管，防止违法违规“造富”。

8. 健全全链条监督问责体系。拟上市企业和中介机构存在违规情形的，依照《证券法》等规定严肃问责。上市委委员和审核注册人员存在故意或重大过失、违反廉政纪律的，终身追究党纪政务责任。

▶注：这种模式适合的行业：规模型公司、高科技产业、大流水零售行业、跨行业型公司。

十三、不动产变现

不能流动的资产不是资产而是企业最大的负担。“资源、资产、资金”要活起来，企业才能活起来！

——王冲

案例一 万达盘活不动产

万达广场作为万达集团的核心资产之一，一直是集团收入的重要来源。然而，近年来，随着市场环境的变化和行业竞争的加剧，万达开始调整其商业战略，通过转让部分万达广场来优化资产结构，实现轻资产化转型。这种转型策略不仅有助于降低集团的负债压力，还能使其更加专注于核心业务的发展。

在转让过程中，万达充分考虑资产价值、市场接受度、合作伙伴选择等因素，确保转让过程能够顺利进行。同时，万达还关注转让后的品牌影响力和市场地位问题，确保不会因为转让而损害到自身的品牌形象和市场地位。

值得注意的是，尽管万达在近年来频繁转让万达广场，但这并不意味着它将完全退出商业地产领域。相反，万达在轻资产化转型的过程中，依然会保留一部分核心资产，并继续加强对其的管理和运营。同时，万达还将积极探索新的商业模式和发展方向，以适应不断变化的市场需求。

万达继续“卖卖卖”的背后，其实是其在商业地产领域进行的一次深刻调整和转型。通过转让部分资产，万达不仅降低了风险、提高了运营效率，还为自身留下了更多的资源和精力去探索新的商业模式和发展方向。这种转型和发展战略无疑将为万达未来的发展注入新的活力和动力。

案例二 资产过亿元，不流动也是负债

学员赵女士是一位成功的资深企业家。她从大学毕业之后就开始创业，第一年就净赚300万元，如今资产过亿元。可是，随着目前经济形势的改变，她的企业也面临着现金流入不敷出的局面，为了能够让公司正常运行，不惜抵押所有固定资产，贷款几千万。可屋漏偏逢连夜雨，公司经营状况日益惨淡，又面临巨大的贷款的压力让她喘不过气来。她甚至开始变卖手里的资产，但依然无法偿还高额的贷款。她在我的课上讲述自己的经历时非常苦恼，觉得自己明明资产很多，却在关键时刻都变成了负债。

这个案例的情况非常普遍。想靠资产带来现金流，那么就要分清楚什么是资产。在我的很多学员里，我一问他们有没有资产，他们总会说有这有那，但等到真正拿到台面上分析时，往往他们认为的资产却往往不能变现。变现渠道指的是资产变成现金的渠道拓展，是一次性变现还是持续性变现。

在我眼里判断一个资产是不是值钱，有三个标志，第一是否具备流动性，第二是否具备稀缺性，第三是否具备增值性。如果不具备这三个条件，那就算不上是真正的资产。

资产的流动性很容易理解，就是指资产能够以现金或其他形式转换成现金流的能力，它衡量了投资者在短期内将资产转换成现金的难易程度。用最简单的话概括，那就是，我说今天卖，今天就可以卖，你能做到吗？试想，如果企业占用的是工业用地，你能随时把土地变现吗？衡量你拥有的是不是资产，不是你有什么本本，什么证，你就觉得很值钱，那是你以为的，假设你有一处带房本的不动产，但在房地产日渐低迷的当下，你卖不出去还得月月还房贷，那这个放在你手上看似资产的东西，对于你来说就是负债。真正的资产一定要具备流动性，流动性越好，变成现金流的几率越大，它才能越值钱。记住，你手里的现金，永远比任何投资品都有价值，因为货币是商品交换的媒介，具有最高的流通性。不能迅速变现的资产，都不是好的资产，一旦市场出现异常，往往看似资产却往往只能砸在自己手里。

资产流动性的高低，直接反映了资产价格的流动性和资产本身的可交易性。流动性高的资产，如现金和流动性金融资产（如短期要出售的证券），由于其随时可以兑现或变现，因此具有较高的流动性。而如应收票据、存货和预付费用等，由于其变现需要一定的时间或条件，因此流动性相对较低。资产流动性是评估企业资产质量和风险状况的重要指标。良好的资产流动性意味着企业能够更灵活地应对资金需求和变化，降低财务风险。同时，投资者也可以利用资产流动性来评估投资组合的风格，决定投资策略，以获得最大的利益。

资产的稀缺性也是衡量资产是否值钱的重要标志。当某种资产供应有限，而需求相对较高时，它就具有稀缺性。这种稀缺性会导致该资产的价值上升，人们愿意为稀缺的东西支付更高的价格。所以，这个世界上“物以稀为贵”。资产的稀缺性受到供需关系，市场趋势和技术进步等的影响。当某种资产的供应减少、需求增加或者市场对其未来价值有较高预期时，它的稀缺性可能会更加明显。稀缺性是衡量资产是否值钱的标志之一，

但对于变成现金流而言并不是唯一的参照标准。目前，市场上并不缺房子和车位，但我依然能够通过有效的方法教给学员将这些并不稀缺的东西进行变现和实现投资组合。所以，能不能让资产快速和持续变现，第三个标志就是资产的增值性。

资产的增值性是随着时间的推移和市场的需求变化，比如，房产可以出租获得租金，股票可以分红或者升值。如果一个东西不能带来经济利益，反而需不断投入资金，那可能更像是负债。所以，用现金流来衡量资产的增值性是一个非常靠谱的做法，资产通常会带来真的现金流，而负债则会导致现金流出。

▶注：这种模式适合的行业：实体店、餐饮、家具厂、房地产、服装业、建筑业、造纸、零售、批发、运输业、机械制造等。

十四、押金变现

老板要明白，押金押的是钱！有钱有现金流，比利润更重要的是现金流！

——王冲

案例一 押金模式，盘活亿元级奢侈品

不知道大家有没有看过一个新闻，在南京有一套紫檀照壁，最终以 1.5 亿的价格成交，成为了全球资产艺术品拍卖价最高的纪录，也打破了家具拍卖单件的成交记录。

为什么红木类的家具售价那么高，而且很多有钱人都要搞上一两套呢，因为在中国红木家具的历史比较悠久，在风水上面来说，可以聚阳气、聚财气、聚人气，也就是说可以旺宅旺财旺人。

但是总的来说，驱动用户购买的理由主要有两点：

第一、养生；

第二、增值。

当然酷爱艺术和红木的也算。

真正的红木家具也算是一件艺术品，专门请一些大师来雕刻的，因为艺术品这种东西基本都是独一无二的，也就是具有升值的空间。一般来说，一套红木家具的价格都是比较高，几万甚至几十万，对于用户来说会有风险。一下掏个几万块门槛还是有点高的，主要的原因是存在风险，万一买回去过一段时间不喜欢怎么办，自己出手还是比较难出手的。

有一家公司换了一个模式，红木家具可以免费用，而且可以免费用五年，免费用真的不用钱吗？那是不可能的，对吧？

那又是怎么免费用呢？

他们的做法是你今天掏几万块钱，把红木家具买回去，五年后，如果你不喜欢了，你把家具退回来，我把几万块退给你，不就相当于红木家具免费用五年了吗？

如果说五年后你喜欢这套红木家具，或者说五年后这套红木家具升值了，你只支付当时购买这套红木家具的价格，换句话说你获得了增值的钱，对用户来说五年几万块购买红木家具如果升值了可以赚钱，如果没有升值或不喜欢了还可以退，最多就是损失一千多块钱的银行利息。

很多人可能会说你这个模式也没有什么新颖啊。用户表面虽然没有什么风险，但是五年如果你倒闭了或者跑路了，用户找谁退钱，信任这个环节怎么解决，也就是说如果能够确保用户在五年以后能够退到钱，这个才

是关键。

所以对于商家来说，第一他最好确保这些红木能升值，这样五年以后升值了就基本没有用户会退货了。就算有也是一些缺钱的或者其他的原因，但是量很少，就算你退货了这个红木升值了还可以卖钱啊。所以，他们把每一套红木家具搞点互联网科技，在里面搞个芯片，全球唯一的 id，还搞个二维码，只要你扫描就可以知道哪里生产的，用什么材料、制造日期、国家的权威检测报告等等。

这样就基本证明这套红木是真实材料的。

第二，和银行合作，用银行做依托解决信用问题，怎么做呢?

用户购买红木家具，你只需要把对应的保证金交给银行就行。很多人会说银行为什么同意? 从简单的方面来说，他们可以获得精准用户，这些都是有投资意向的有钱人，那么另外一个来说红木家具的利润还是比较可观的，因为他的是真正的红木，全球唯一的，再说每一套可以给一定的收益给到银行，所以他们引入银行的模式解决信任的问题，把用户考虑的风险降到最低。

这种具有升值的产品，可以采用这样的模式去干，我把红木生产出来，你给押金就可以免费用，不想用了可以退给我。也就是交押金，免费用产品，这是不是有点类似共享经济的模式，但是他们多了一个功能，那就是可以升值，可以购买，不中意的可以退!

案例二 加盟费模式，百果园占据国内水果店连锁品牌C位

百果园已经连续十年位居中国水果零售行业销售冠军，凭借的正是大规模扩容的加盟模式。根据百果园最新发布的 2023 年财报显示，截至去年末，百果园的加盟店达到 4818 家，而自营店仅为 12 家。

百果园前期采用了加盟模式，加盟模式有两种，总投资费用分别为 11.5 万元和 30.7 万元，其中固定投资包括 3 万元加盟费、1.5 万元选址评估服务费、1 万元电子价签费，有的还需要投入 6.2 万元的招牌设备费、3 万元的信息设备费和 10 万元的门店装修预估款等名目繁多的收费。除此之外，加盟商还要缴纳 3 万元商品预付款、1 万元履约保证金、2 万元经营保证金等。

百果园对于加盟店主要是提供品牌、供应链及运营支持，其中特别提到会“进一步提升加盟商的满意度”“提升加盟商信心”“为业绩不佳的零售店提供指导和帮助”等。

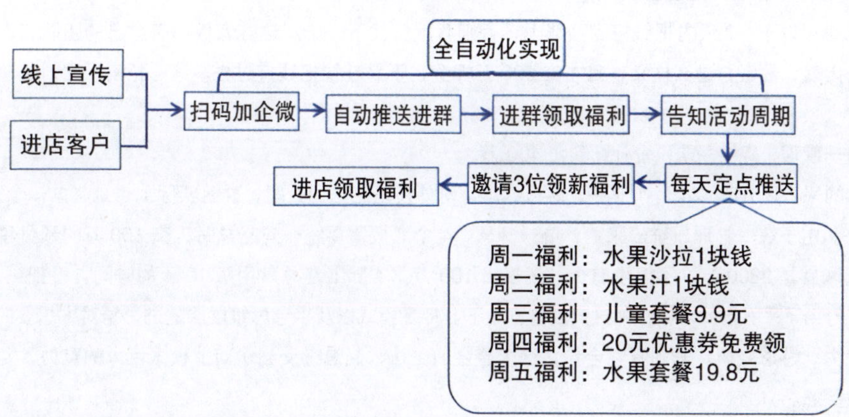

百果园采取的是阶梯式利润分配：当加盟商的月销售毛利率是 0–6.2 万，百果园总部收取比例为 3%。当加盟商的月销售毛利率是 6.2–12 万，百果园总部收取比例为 15%。当加盟商的月销售毛利率是 12 万以上，百果园总部收取比例为 25%。设计较新颖，总部和加盟商的利益绑定。

利用融来的资金，百果园完成了扩展目标，稳稳占据国内水果店连锁品牌 C 位。

▶注：这种模式适合的行业：实体店、餐饮、美容美发、宾馆、服装业、健康、销售、农业、旅游业、培训咨询等。

十五、预付费变现

预付费 = “预”先埋“伏”好的“消费”。预付费变现是企业的超级“吸金利器”

——王冲

案例 不花一分钱空手套白狼拿下2700万的矿山

80 后美女老板赵总不花一分钱空手套白狼拿下 2700 万的矿山，且年利润 2000 万以上。她跳出固有思维，不仅改写傻大笨粗的行业标签，还整合了产业链，创造了不可思议的结果，她是怎么做的呢？

1. 整合同行卖权益，收款 2400 万。

赵总运用整合思维，在下岗的采石山老板里，选出 4 个非常有经验的专业老板。找到他们说：我购买了一个新的石头山，我要分成 4 条采矿线，分包给你们开采，你们每人只要给我交 600 万押金就可以了。合作期限暂定为 4 年，4 年到期 600 万押金退给你们，然后产生的利润 2–8 分，你们要 8，我要 2。如果你们觉得可以干，2 天内把钱打到我账上，否则我就会找下一个。这些老板都有自己的团队和设备，反正闲着也是闲着，看赵总这么仗义，且才交 600 万押金，于是赶快把钱打过去。这一招空手套，赵总轻松融资 2400 万。

2. 统一管理，集中采购税金补贴到账 400 万。

赵总的采石场分成了 4 个作业线，老板约定，对外还是赵总的公司，并且实际上也是赵总一个人的公司，全权所有。由于统一管理，统一采购，统一开票，4 个老板需要统一向赵总每人交 100 万的预付税金和管理费，加起来就是 2800 万，不但没有少，还多出 100 万。实际上赵总只用了 10 天的时间，就把剩下的 2600 万一次性打给了采石场的老板，并过户到自己名下。押金模式以及平台思维层层递进，给对方想要的，让他们无招架之力，感恩戴德，乖乖听话合作，这个整合的方法，赵总感受到了商业模式巨大的魅力，她火热的心彻底地被点燃。

▶注：这种模式适合的行业：餐饮、家政、健身娱乐、教育培训、职业技能培训、文化体育、宠物服务、美容美发、医疗服务、按摩保健等。

十六、众筹变现

老板一定要记住，众筹是一种风险最低的融资方式！门槛低、多样化、草根性、创新性是众筹融资的特点。

——王冲

案例一 众筹葡萄园，成为国家3A级的旅游景区

这家公司，除了种植普通的葡萄以外，也种植这种有机葡萄，而且他们不是单单种植葡萄，而是把葡萄基地变成一个国家3A级的旅游景区，形成了“美酒、美食、美景”三美产业，成为集葡萄采摘、酿酒、品酒、旅游观光为一体的旅游胜地。

投资都在2000万以上，几百亩面积，一部分用于现代农业，一部分用于休闲娱乐。但还是以葡萄为主，而且都是现代化的种植模式。上个月他们搞了一个免费吃三年葡萄的众筹模式，怎么玩的呢？

你交398元成为他们的会员，第一年可以享受4件15元一斤的普通葡萄；第二年，你可以享受2件15元每斤的葡萄；第三年你可以享受价值600元的有机葡萄两件。关键的是3年以后直接退给你400元，当然你也可以用来购买葡萄，给你8折。

这个模式对很多用户来说是不是有吸引力，3年免费吃葡萄还可以到他们的基地公园去玩，因为你们是会员。从表面来说，用户肯定占了好处，葡萄免费吃，押金退还，但对于种植葡萄的来说，怎么赚钱呢？葡萄要给用户，钱也要给用户。很简单，发行会员，他的基地相当于有了上千个宣传者。能参与进来的，基本不是为了占便宜，因为你想占便宜，去街上买一斤才3元钱。所以，这些都是有消费能力的中高端用户，很少有屌丝会参与活动。

只要葡萄好吃，你觉得这一点够吃吗？带家人过来采摘，休闲，度假，要不要吃喝住？我就不信你开个车来这里吃两斤葡萄就走了。来这里品酒，美食，观景，后端消费非常多，这只是吸引用户的参与的活动。你来了，就有办法让你把更多的钱留下来。

案例二 圈层众筹收割1万个合伙人，100万社群用户

肆拾玖坊成立于2015年，是一家围绕民生产业，以酱香酒的生产经营为主，兼营其他源头健康食品的产业互联网新零售企业。之后，仅用了六年时间，就布局1500多家线下店，2500多家经销商，销售额突破20亿。所用模式是众筹，“三圈层众筹众创模式”，核心就在于怎么能够让人，既给你筹钱又帮你卖货。

第一个圈层叫总部，首先找到最开始的49个众筹股东，然后每个人交10万，获得近500万的储备资金。那怎么去找到这些人呢？他们先拉一个200人的群，让那些有能力成为股东的人试用你的产品，然后从这些人里面筛选出对产品认可的人，邀请到线下开始秀肌肉，讲你的事业梦想和产品品质、分润模式等，搞定最核心的原始股东。

流程图展示

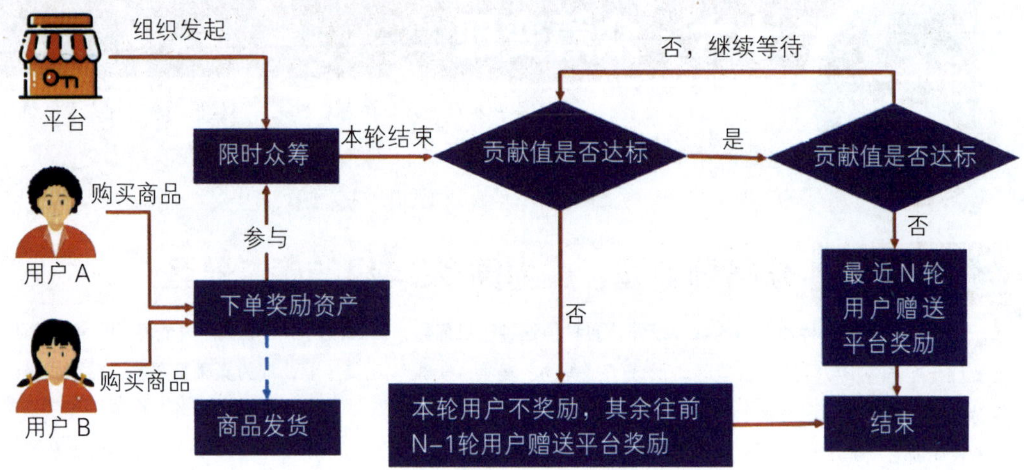

第二个圈层叫渠道，也就是怎么裂变，开始解决渠道的问题。它们让这 49 个股东再创办第二个圈层，每人至少创办一个分舵，它们陆续搞了 108 个分舵，然后每个分舵，其实就是一个销售单位，那这些股东为什么愿意去招分舵呢？他们设计了一个机制：就是股东的分红跟自己的分销数量挂钩。这样就确保了这些股东一定得去众筹。

第三个圈层叫终端销售，也就是每个分舵再做一次众筹。首先 108 个分舵，同样采用众筹的模式，众筹是发展堂口，理由就是众筹一个终端的门店。这样一来，每人就要众筹 2 万，一个堂口 100 人，每个合伙人再建一个 100 人以上的社群，这个意味着每个门店的覆盖人群就超过 1 万人。整个企业收割 1 万个合伙人，100 万社群用户。

当这个流量池建立起来，你压根就不需要等客上门了。

所以这就是我们说的“三级众筹模式”，第一层众筹，让总部解决资本问题；第二层众筹，让分部解决渠道问题；第三层众筹，设店门解决终端销售问题。

▶注：这种模式适合于所有的行业：实体店、餐饮、家具厂、美容、木材、造纸、媒体、影视、农业、旅游业、物流、培训咨询、生物医药等。

十七、补贴变现

老板要学会薅羊毛！资本性补助是一种政府或机构对特定项目、企业或个人的财政支持形式。这种补助通常用于资助长期资产的投资，如建筑物、机器设备、研发项目等。

——王冲

案例一 饿了么百亿补贴抢占100个城市市场

创立于2009年的饿了么，一边以融资烧钱培育市场、一边单单补贴展开竞争，补贴金额往往高达订单金额的30%~50%。此时外卖市场较小，点外卖习惯尚未普及，企业的年融资和烧钱规模约在百万美金级别。终于，“剩者为王”，2013年饿了么获千万美金级融资，开始领跑。

随着一、二线城市市场增速放缓，饿了么将目标市场转向二、三线城市，2019年3月份开始，饿了么在浙江、广东、宁夏、云南等全国100个三、四线城市加速布局。对于价格敏感度更高的三、四线城市用户而言，饿了么抢占市场份额，“烧钱”以及加大补贴力度成为重要手段。

2020年8月27日，饿了么宣布“百亿补贴”计划经过近一个月的试点，正式上线。“百亿补贴”将成为常态化补贴行动，可与红包、满减叠加使用，每单外卖最高再省20元。如今，饿了么“百亿补贴”首期已在上海、北京、杭州、广州、成都、武汉、南京等24个城市上线。9月起，百亿补贴将会继续扩大品牌范围和补贴力度，覆盖全国超过100个城市中的优质餐饮商户。

在饿了么app首页点击“百亿补贴”后，消费者可以看到每个商家“百亿补贴”具体金额，以及补贴后的福利价。包括必胜客、棒约翰、华莱士、永和大王在内的数百个餐饮大牌，均推出品牌口碑“尖货”。值得一提的是，“百亿补贴”可以和满减、红包、配送费减免等叠加使用。其中，仅“百亿补贴”部分，最高就可为消费者省下20元。

案例二 天天果园补贴用户模式，年销售额近3亿

天天果园成立于2009年，专注进口水果品类，是国内最早的生鲜电商玩家；2013年，天天果园年销售额接近3亿元人民币，规模位居行业第一，且年均增速超过100%。

作为国内规模最大的水果电商，天天果园从2014年9月9日起正式试点国内首份“水果险”。凡获得天天果园“水果险”的用户，无论在菜场、地摊还是超市等线下渠道购买水果时，遇到如缺斤短两、以次充好、不熟不新鲜等任何“闹心”问题，都能获得天天果园等值现金赔偿。该“水果险”从今天起，将向天天果园北京地区符合条件用户主动免费赠送；从获赠之日起3个月内，最高赔偿金额可达1000元。而且，“理赔”方式也非常简单：获赠“水果险”的用户在传统渠道买水果遇到任何问题，只要拍照片发微博反映情况即可。

事实上，这份“水果险”，并非传统意义上的保险产品，而是天天果园推出的一项“用户福利政策”。说白了，就是用现金补贴用户，彰显自家产品和服务优势。因为极少有消费者是水果专家，所以在传统渠道购买时，消费者事实上处于弱势；譬如以次充好、产地信息不实、缺斤少两、价格欺诈等问题不仅普遍存在，而

且，消费者遇到后往往也习惯“吃闷亏”；而天天果园试点“水果险”，就是为了解决用户线下购买水果的各种痛点问题，吸引大家养成水果网购习惯。

在吸引用户养成水果网购习惯、提供新的用户价值方面，天天果园一直创新不断。作为国内首个推出体系化售后保障体系的生鲜电商，天天果园用户均能享受“48 小时无理由退换货”政策；而且，为了迎合用户每天下班购买水果、晚上吃的生活习惯，天天果园在上海还推出了“星夜达”服务，用户只需在上班时间下订单，晚上下班回家后就能收到水果。

▶注：这种模式适合的行业：新型农业、高科技产业、互联网行业等。

十八、降本增效

省下来的都是钱。降本增效都做不到，老板还开什么公司。真降本、真增效，让员工降得心服口服才是本事！

——王冲

案例一 宜家降本增效14招掀起市场大浪

宜家创立于 1943 年，从简单的文具邮购业务开始，历经半个世纪，已发展成为分布于全球 42 个国家、拥有 180 家连锁商店的庞大集团，成为全球最大的家居用品零售商。

宜家在家居行业也采取了有效的降本增效策略。

通过模块化设计减少了产品开发时间和成本。从设计研发开始，低成本已成为宜家的一种战略理念。贯穿了研发设计环节，那就是一低价位、设计精良、实用性强的家居产品，为人人所有。

优化供应链，降低采购成本。在采购环节上，宜家与供应商保持着长久的合作伙伴关系，不仅对产品有着较高的质量要求，而且鼓励供应商之间的良性竞争。在这种模式下，宜家既获得了高质量的商品，又实现了采购环节的成本节约。此外，宜家还通过全球采购策略，在不同地区寻找价格更优惠的供应商。

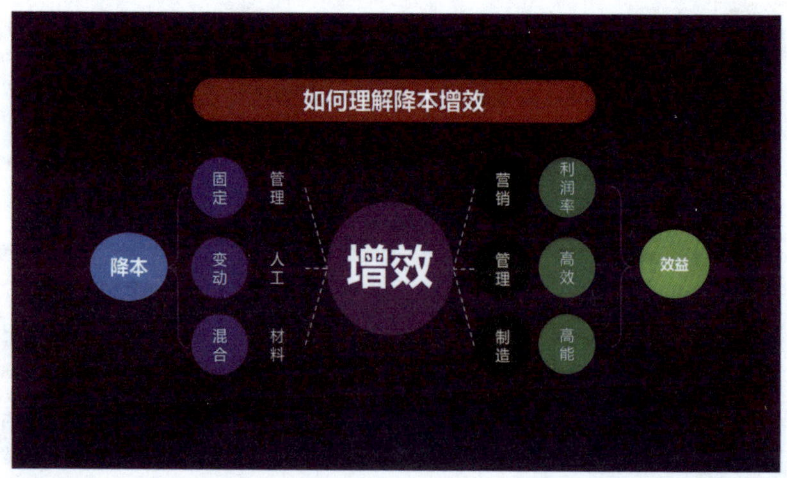

在销售方面，宜家通过设定专门的店面，控制销售渠道，避免不必要的成本消耗。宜家的产品成本较低，能够以更实惠的价格提供给消费者。这使得宜家在全球市场上具有竞争力，并吸引了大量消费者。

在员工管理方面，注重人力资源的开发和培养，定期对员工进行培训，激励员工不断学习和创新，提高员工的业务能力和技术水平。

在产品设计方面，宜家有专业的设计师，根据不同客户的需求，进行量身定做，提供简约而实用的产品，不仅注重质量，而且保证美观。

在与企业外部联系方面，宜家建立了与供应商的上下游统一关系，互相协调，共同进步。

为了与顾客建立良好的关系，宜家充分利用互联网工具，以便利的方式为顾客提供满意的服务。

宜家还大量运用自动化技术提高生产效率，并精细管理各项成本支出。此外，宜家保持创新精神，不断推出新产品和服务以满足市场需求。

案例二 直营店变联营店，省下来的都是利润

王冲老师的学员中，有一位是知名连锁美发企业的老板，拥有数十家直营店。在发展的早期，凭借优质的服务，赢得了良好的口碑。然而，随着市场竞争的加剧和成本的上升，公司发现直营店占据了庞大的成本，导致利润增长缓慢，公司现金流市场告急。

为缓解经营压力，这位老板苦苦思索改善公司的路径。就在他苦思未果时，有幸遇到了王冲老师。王冲老师在分析了该公司的实际情况后，告诉这位老板，一切的行动规划都必须要将现金流拉动起来，否则做了也是白做。在具体的转变过程中，老师给出了如下办法：

一是筛选店铺。该公司先对现有直营店进行全面评估，挑选出地理位置优越、客流量稳定、经营状况良好的店铺作为转变对象。从能汇集流量的店铺做起，有助于调整工作的整体铺开。

二是合作伙伴选择。在筛选出合适的店铺后，该公司积极寻找有实力、有经验的合作伙伴。通过市场调研和商务谈判，最终确定了几家具有良好信誉和合作意愿的企业作为合作伙伴，从而引入更多的活跃现金流。

三是合同签订。在与合作伙伴达成初步意向后，该公司与合作伙伴签订了详细的合同，明确了双方的权利和义务、经营模式、利润分配等关键条款。

四是店铺改造。在合同签订后，该公司投入资金对选定的店铺进行改造升级，以提升品牌形象和吸引力。这一步的成本还是要投入，但要让被转型的联营店和直管店的拥有者实际投入，也就是让合作伙伴投钱。

五是人员培训。为确保转变后的店铺能够顺利运营，该公司还对店员进行了系统的培训，包括理发技术、沟通技巧等方面的具体事项。这一步的工作需要公司方面来做，这是保证联营店和直管店能够经营顺利的保证。

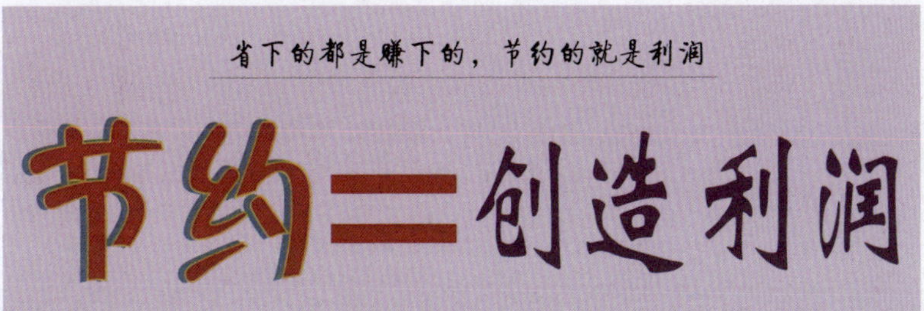

有了王冲老师的出手相助，该公司的转型之路走得非常平稳。在直营店转变为直管店或联营店后，该公司的经营成本得到了一定程度的分散。直管店拥有者和联营店拥有者承担了部分成本，合作伙伴企业又承担了一

部分成本，综合而言减轻了公司的经营压力。

很多老板总是想搞直营，认为直营的店铺都是自己的，这样企业的规模才是真的做大了。这个世界上的渠道有很多，没有哪一个是对的，但对于企业而言，只有一种选择是对的，即不管找什么渠道，只要能汇集流量和销售产品，就是对的。

为什么现在很多老板做生意会亏钱？因为绝大部分老板只会做两种终端，一是直营店，再是加盟店，对于中间的联营店和直管店却很少去关注。但正是这两种终端才是真正能达到，既能帮助企业节省经营成本，又能不失去企业对终端掌控力。

看到这里，你应该能明白，为什么做联营店和直管店对企业最有利了。因为联营店可以让投资者出一部分钱，而直管店是全部让投资者出钱，这种经营模式对企业的成本压力就小了太多。企业节省的开店成本就等于汇集了一大笔现金流，而且未来继续做联营店或直管店，也不会占用企业的现金流。

▶注：这种模式适用于创业五年以上的公司，新创业公司一般不适合这种方法。